# Welsh Doodles
# Dwdls Cymraeg

OLIVER TURNBULL

y lolfa

Argraffiad cyntaf: 2023



Cyhoeddwyd gyda chymorth Ecoamgueddfa Llŷn fel rhan o brosiect LIVE.
Derbyniodd LIVE gyllid gan Gronfa Datblygu Rhanbarthol Ewrop
drwy Raglen Gydweithredu Iwerddon Cymru.

Published with support from Ecoamgueddfa Llŷn as part of the LIVE operation.
LIVE received funding from the European Regional Development Fund
through the Ireland Wales Cooperation Programme.



Rhif Llyfr Rhyngwladol: 978-1-80099-485-0

Cyhoeddwyd ac argraffwyd yng Nghymru
ar bapur o goedwigoedd cynaliadwy gan
Y Lolfa Cyf., Talybont, Ceredigion SY24 5HE
*e-bost* ylolfa@ylolfa.com
*gwefan* www.ylolfa.com
*ffôn* 01970 832 304
*ffacs* 01970 832 782

## Cyflwyniad

Pleser pur yw cael dweud gair ar ddechrau'r llyfr bach hyfryd hwn sy'n cofnodi myfyrdodau mewn llun un siaradwr Cymraeg newydd ar ei daith o ddechrau dysgu i fod yn rhugl, mewn ffordd hynod ac unigryw.

Fe fûm yn cydweithio gydag Oliver am flynyddoedd; rwyf wedi edmygu'r dyfrliwiau cain o'r ymennydd sy'n britho waliau ei swyddfa, ac rydym wedi trafod a dadlau'n ffyrnig droeon am heriau dysgu iaith fel oedolion – a Chymraeg yn benodol. Ond dim ond eleni, mewn dathliad Dydd Gŵyl Ddewi ym Mhrifysgol Bangor, y cefais y cipolwg cyntaf ar ei gampweithiau dwdlo Cymraeg. Fe wyddwn yn syth fod yn rhaid i'r rhain weld golau dydd er mwyn annog ac ysbrydoli eraill.

Yr hyn sy'n wych am y dwdls yw eu bod yn ein hatgoffa nad oes un ffordd 'gywir' o ddysgu iaith ond ein bod i gyd yn rhydd i arbrofi gyda'n

## Introduction

I'm delighted to introduce this lovely little book which captures the remarkably unique results of the artistic musings of a new Welsh speaker on his journey from being a learner towards fluency.

Oliver and I have been colleagues for many years; I've admired the elegant watercolours of the brain dotting the walls of his office and had robust discussions around the challenges of learning languages as adults – Welsh in particular. But it was only at a St David's Day celebration in Bangor University this year, that I first saw his intricate Welsh doodles. It was immediately clear to me that they should be shared with a wider audience as a source of inspiration and encouragement.

What I found so appealing about the doodles is that they remind us that there is no 'right' formula for learning

syniadau gwych neu wallgof ein hunain i'n helpu i gofio geiriau, treigliadau, cystrawennau, brawddegau – yn wir unrhyw beth. Y peth sy'n bwysig yw ein bod yn trio, a thrwy hynny, yn llwyddo yn y pen draw. Wrth gamu'n araf tuag at ddod yn rhugl, o dipyn i beth mae byd hollol newydd yn agor ei ddrysau i ni; wedi'r cyfan, taith nid digwyddiad yw dysgu iaith. Mae'r dwdls hefyd yn agor ein llygad ni siaradwyr rhugl i glywed ein hiaith mewn ffordd newydd – pwy fyddai wedi meddwl fod unrhyw gysylltiad rhwng yr arth a'r ardd?

Er fy mod wedi 'ymddeol' rydw i'n parhau i ymwneud ag Ecoamgueddfa Llŷn. Roedd gallu cynnig cefnogaeth i ddyhead Oliver i greu llyfr bach allan o'r dwdls yn gyfle perffaith i gyflawni un o'n nodau creiddiol o hyrwyddo'r Gymraeg, yn enwedig gan fod Nant Gwrtheyrn, Y Ganolfan Iaith Genedlaethol, yn un o bartneriaid yr Ecoamgueddfa ac yn cynnig pob math o gefnogaeth i'r rhai sy'n dymuno dysgu neu loywi eu sgiliau Cymraeg.

a language but that we are all free to experiment wildly with brilliant or crazy ideas, to find prompts that will help us recall words, mutations, sentence constructions – indeed any and every aspect of learning. The important point is that we try, and eventually succeed. As we slowly, slowly edge our way to fluency the curtain is raised on a new world; mastering a language is, after all, a process not an event. The doodles also serve to reveal to those of us who are fluent speakers, new ways of hearing our own language – who would have thought that there was any connection between 'arth' (bear) and '(g)ardd' garden?

Despite being officially 'retired' I continue to be involved with Ecoamgueddfa Llyn. Supporting Oliver's vision to publish a book of his Welsh doodles was a perfect opportunity to fulfill one of our core aims of promoting the Welsh Language, especially as Nant Gwrtheyrn, the National Language Centre is one of the Ecoamgueddfa

Wrth gwrs, mae 'na gyrsiau Cymraeg o bob math yn y cnawd ac yn rhithiol ar gael yn eang erbyn hyn, ond cofiwch nad oes yr un lle yn y byd i guro Pen Llŷn os ydych chi am gael eich boddi yng nghymreictod cymuned lle mae'r Gymraeg yn parhau i fod yn iaith i'r mwyafrif. Dyma'n wir gadarnle'r Gymraeg, lle mae Draenog Môr (Sea Bass) i'w weld yn dymhorol ar y fwydlen!

Gobeithio y gwnewch chi fwynhau'r llyfr a chael eich ysbrydoli i ddysgu Cymraeg, ond gobeithio ein bod hefyd wedi tanio'ch awydd i ymweld â Phen Llŷn.

*Einir Young, Ecoamgueddfa Llŷn, Prifysgol Bangor,*
*Gorffennaf 2023*

partners, offering all sorts of support for those who wish to learn or improve their Welsh language skills.

By now, all manner of Welsh courses, virtual and on-site, are widely available but nowhere beats Pen Llŷn if you want the full immersion experience in a location where Welsh is still the majority language. This is indeed a Welsh language stronghold, where Draenog Môr (Sea Bass) appears on seasonal menus!

I hope that you enjoy this gem of a book and be inspired to both learn Welsh, but also that we've sparked your interest in visiting Pen Llŷn.

*Einir Young, Ecoamgueddfa Llŷn, Bangor University,*
*July 2023*

## Gair gan Oliver

Fel pob dysgwr Cymraeg arall mae'n siŵr, mi fedra i ddweud yn hyderus fod fy nhaith iaith wedi bod yn unigryw. Roeddwn i wedi bod yn awyddus i ddysgu Cymraeg ers tro, ac wedi rhoi cynnig ar sawl dull gwahanol o ddysgu'r iaith, ond heb lawer o lwyddiant mae gen i ofn. Roeddwn i wedi dysgu'r cyfarchion arferol, rhai ymadroddion defnyddiol ar gyfer y gwaith, yn ogystal â geiriau'r ddwy anthem genedlaethol – 'Mae Hen Wlad fy Nhadau' ac 'Yma o Hyd'! Ond roedd hi'n amlwg i mi mai diffyg geirfa oedd y rhwystr pennaf ar fy nhaith. Er mwyn gallu siarad unrhyw iaith yn rhugl mae'n rhaid cael cannoedd o eiriau a'r gallu i'w llefaru a'u deall yn rhwydd. Roeddwn i'n frwdfrydig iawn ond doedd gen i ddim llawer mwy nag ambell ddwsin o eiriau y gallwn i alw arnyn nhw'n ddidrafferth.

Sut oeddwn i'n mynd i allu datblygu fy ngeirfa pan oedd cymaint o eiriau

## In Oliver's words

My language journey has been, like that of all Welsh learners, unique. I had long been enthusiastic to learn Welsh, and I had tried in various ways, but – I confess – made limited progress. I had learned all of the usual phrases for greetings, small phrases for the workplace, and the lyrics of the national anthem... and the lyrics of 'Yma o Hyd' (the other national anthem). But it seemed clear to me that my barrier to progress was limited vocabulary. Being able to talk in any language requires many, many, hundreds of words - all of which should be fluently accessible to speak or understand. I was an enthusiast, but I had only dozens of words that I could access fluently.

How was I going to grow my vocabulary, when many words in Welsh sounded so unfamiliar, or at times so similar? There were two things which changed my situation. The first was the

Cymraeg yn swnio'n ddiarth i'm clustiau, neu weithiau, mor debyg i'w gilydd? Roedd yna ddau beth a newidiodd bethau. Y cyntaf oedd y pandemig. Dros nos, fe sylweddolais i fod gen i ychydig mwy o amser bob dydd pan nad oedd angen i mi deithio i'r gwaith. Fel un sydd wedi'i hyfforddi fel seicolegydd fe roddais het y meddwl cadarnhaol am fy mhen ac ystyried sut y medrwn i ddefnyddio'r amser ychwanegol mewn ffordd adeiladol. Tybed fedrwn i weithio'n galetach ar fy Nghymraeg fel bod peth daioni yn dod o'r holl amser pan oeddwn i'n gaeth i'r tŷ? Yn ystod yr un cyfnod hefyd, fe ddes i'n ymwybodol o ap eithaf newydd (*Duolingo*) a fyddai'n help i mi ymarfer fy Nghymraeg yn gyson.

Ac felly fe es ati i ddefnyddio *Duolingo* a'i ymarferion dyddiol i geisio ehangu fy ngeirfa o rai degau o eiriau i rai cannoedd. Fe wnes i ychydig o gynnydd wrth gwrs, ond fe ddechreuais i sylwi ar rywbeth oedd yn fy atal. Roedd nifer o eiriau gydag ystyron cwbl wahanol yn swnio'n debyg

pandemic. Suddenly I realised I had a bit of extra time, every day, when I didn't have to commute to work. I am, by primary training, a psychologist. So, wearing my hat of positivity, I imagined how I could use that free time productively? Perhaps I could try harder on my Welsh, and then a bit of good might come from all that time trapped at home? I also became aware of what was (at the time) a relatively new app, *Duolingo*, which would help me to practice regularly.

And so I used *Duolingo*, with all its daily practice, to try to expand my vocabulary. To try and move from dozens to hundreds of words. I made progress, of course, but I also started to notice something which was getting in the way of my learning. This was that many words, with completely different meanings, sounded reasonably similar in Welsh. By this, I mean that they sounded similar to a *learner*. For fluent speakers, they sound quite different, of course. For fluent English speakers, for example, *house* and *horse* sound and feel

iawn i'w gilydd - wel, yn swnio'n debyg i glust dysgwr beth bynnag. Mae'n siŵr eu bod yn swnio'n wahanol iawn i glustiau siaradwyr rhugl. I siaradwyr Saesneg rhugl, mae *house* a *horse*, er enghraifft, yn swnio ac yn teimlo'n wahanol iawn i'w gilydd. Felly hefyd *bridge* a *fridge*, neu *sheep* a *sheet*. Ond nid i rywun sy'n dysgu Saesneg. Dyna hefyd oedd fy mhrofiad i gyda'r Gymraeg. Mae *deuddeg* a *dau ddeg* yn swnio'n wahanol iawn i siaradwr rhugl, ond maen nhw'n hynod o debyg i ddysgwr. Neu *sur* a *sir*, neu *yr ardd* ac *arth*. Roedd yr holl barau hyn yn ymddangos i mi fel gefeilliaid gwallgof a oedd wedi'u cynllunio i'm drysu ar fy nhaith.

Wrth i mi eistedd gartref ar fy mhen fy hun yn ystod y pandemig, fe ddechreuais i bendroni sut fedrwn i ddatrys problem geiriau'r seiniau tebyg. Sut fedrwn i eu gwahanu yn fy mhen? Gan wisgo het arall eto, mae gen i ddiléit mewn arlunio. Yn fwy penodol, rydw i'n seicolegydd o fath arbennig – niwroseicolegydd sy'n ymddiddori yn yr ymennydd ac anafiadau i'r ymennydd.

like very distant relatives. As do *bridge* and *fridge*, or *sheep* and *sheet*. But not to an English *learner*. It was like this for me in Welsh. Thus: *deuddeg* (twelve) and *dau ddeg* (twenty) sound quite different to a fluent speaker, but are similar for a learner. Or *sur* (sour) and *sir* (county). Or *yr ardd* (garden) and *arth* (bear). Each pair seemed to me like crazy twins, designed to confuse me on my journey.

And so, while sitting alone in my house during the pandemic, I wondered about how to solve the problem of these similar sounding words. How I might disambiguate them? Wearing another hat, I have long had an interest in painting. More specifically, I'm a very particular sort of psychologist, a *neuro*psychologist, whose interest is in brains and brain injury. Importantly, part of my work is teaching neuroanatomy, and I have painted many different views of the brain over the years, in order to better help our students to draw and remember the complex anatomy of that remarkable organ.

Wrth gyflwyno anatomi'r ymennydd i fyfyrwyr dros y blynyddoedd, rydw i wedi arfer arlunio sawl gwedd ar yr ymennydd er mwyn eu helpu i gofio anatomi cymhleth organ mor rhyfeddol.

Felly, dyna feddwl y byddwn i'n ceisio darlunio'r parau hyn o eiriau ar ffurf dwdls bychain. Rhywsut, byddai'r darluniau yn ceisio dal y cysylltiadau rhyfedd rhwng y geiriau. Os oedden nhw'n barau od, fe fyddwn i'n eu darlunio felly. Os oedd *dau ddeg* a *deuddeg* yn efeilliaid, yna fe fyddwn i'n defnyddio fy nychymyg i beintio eu 'gefeilliad' ffonetig, sef, yn yr achos yma, arddegwyr cystadleuol a gwyllt. Efallai mai caethiwed pandemig oedd yn lliwio fy nychymyg? Ond os oedd *sur* a *sir* yn swnio'n debyg, yna fe fyddwn i'n ceisio mynd ati i beintio 'sir sur' (gydag ymddiheuriadau diffuant i drigolion gogledd Powys). Mi fedrwn i wedyn beintio arth yn yr ardd. Fe sylweddolais i'n sydyn iawn fod y broses o feddwl am y parau geiriau hyn yn fy helpu i'w cofio. Mewn sgwrs, wrth geisio dwyn gair fel *gardd* i gof, fe fyddwn i'n meddwl

So I thought that I would try to paint small pictures, or doodles, of these pairs of words. Somehow, the little paintings would try and capture the strange connection between them. If they were crazy pairs, then I would try to paint them that way! If *dau ddeg* and *deuddeg* were twins (*gefeilliaid*), then I would use my imagination, and paint the phonetic 'twins' of twelve and twenty. These I would paint as poorly behaved and competitive teenagers. Perhaps this strange idea only occurred to me because I was trapped in a pandemic. But if *sur* and *sir* sounded similar, then I would try to paint a 'sour county' (with apologies to northern Powys)? I would paint a bear in the garden. I realised that the process of thinking about these word pairs really helped me to remember the words. When, in conversation, I would try to remember a word like 'garden', I would realise: "I've got a painting of that!", and I'd be able to use it in the sentence.

I also realised that I could show the

am y darlun yr oeddwn i wedi'i greu, ac roedd hynny'n help i mi gofio'r gair a'i ddefnyddio mewn brawddeg.

Fe sylweddolais i hefyd y gallwn i ddangos y dwdls i'm ffrindiau Cymraeg ac y bydden nhw hefyd yn eu mwynhau. Roedd cyfle i ni drafod y lluniau a chyfle iddyn nhw rannu eu syndod fod *yr ardd* ac *arth* yn swnio'n debyg i glust dysgwr. Efallai y bydden nhw'n magu ychydig o gydymdeimlad gyda rhai o'r anawsterau y mae dysgwyr Cymraeg yn eu hwynebu? Efallai y bydden nhw'n siarad am eu hymdrechion hwythau i ddysgu Ffrangeg neu Siapaneeg. Yn bwysicach, roedd cyfle i mi drafod fy Nghymraeg gyda siaradwyr brodorol. Yn y sgyrsiau bach hyn, mi allwn i amlygu fy niddordeb yn yr iaith a'm hoffter ohoni heb i mi fod yn rhugl ynddi.

Doedd yr holl ddwdls ddim yn dod o barau o eiriau Cymraeg oedd yn swnio'n debyg. Roedd ffurf dreigledig troed, sef *droed*, er enghraifft, yn swnio'n debyg i'r gair Saesneg *droid* – gair oedd yn gyfarwydd i mi o *Star Wars*.

little doodles to my Welsh speaking friends, who seemed to enjoy them too. We could talk about the images, and they could share their surprise at perhaps not having previously realised that *ardd* and *arth* sounded similar. They might sympathise with the difficulties that a Welsh learner faced. Or talk of their attempts to learn French or Japanese. Importantly, I could have a discussion *about* my Welsh with native speakers. In these little conversations, I could signal my interest and affection for the language, but without actually having become fluent yet.

Not all of the doodles were about two *Welsh* words which sounded similar. The word *droed*, for example (the mutated form of *troed*, meaning foot), sounds like the English word 'droid' - which I knew from Star Wars. That was a Welsh-English pair, and also a doodle that I could share with Welsh *learners*. Once they realised that it was pronounced droid (or android), then remembering how to

Dyna bâr Cymraeg-Saesneg felly a dwdl y gallwn i ei rannu gyda dysgwyr Cymraeg. Unwaith yr oedd dysgwyr yn sylweddoli fod *droed* yn cael ei ynganu fel *droid*, mater hawdd oedd cofio. Roedd hi'n help mawr yn y cyswllt hwn mai pêl o'r enw BB-8 ydy'r *droid* yn *Star Wars*. Yn gyfleus iawn felly roedd *pêl-droed* yn gysyniad ar blât. Roedd dysgwyr ar lefel dechreuwyr heb fawr ddim geirfa yn dweud eu bod yn gallu cofio *pêl-droed*, ac wedi rhannu'r dwdl gyda'u ffrindiau Cymraeg. Roedd y dwdls felly yn gwneud eu gwaith. Roedden nhw'n weledol, yn hwyliog ac yn gwneud pethau'n hawdd i'w cofio.

Uchafbwynt personol i mi oedd mynd i'r afael â'r gair *ymennydd*. Yr ymennydd ydy sail fy ngwaith bob dydd, ond roeddwn i'n methu'n lân â chofio'r gair. I'm clustiau trwchus i, roedd yn swnio'n debyg i *mynydd*. Yr her i mi felly oedd peintio 'mynydd ymennydd'. Rwy'n hoff o'r dwdl bach hwnnw. Mae'n dod â thri pheth pwysig yn fy mywyd i at ei gilydd, sef anatomi'r ymennydd, peintio a'r Gymraeg. Nid yn

say *foot* became easy. Helpfully, the Star Wars character was a literal ball (BB8 is its name, the modern R2D2). And *pêl* means ball. So that a *ball-droid* is, in translation, somehow the game of football. Welsh beginners, people who had almost *no* vocabulary, said they could remember *pêl-droed*, and had mentioned it to their Welsh speaking friends. The doodles were doing their work. They were visual, they could be fun, and they made things easily memorable.

A personal highlight came for me when I was struggling to remember the word *ymennydd* (brain). Brains are my profession, so it was a word I needed to learn. It seemed, to my untutored ear, to sound like *mynydd* (mountain). And so the challenge (and perhaps the metaphor) became how to paint a 'brain mountain'? I like that little doodle. It brings together three parts of my life: neuroanatomy, painting and Welsh. It's not often that so many different aspects of your world can be summarised in one image.

aml y bydd un darlun bach yn crynhoi cymaint o agweddau ar eich byd.

Mae peintio'r dwdls bach yma wedi bod yn bleser i mi mewn cymaint o ffyrdd. Yn amlwg, maen nhw wedi fy helpu i adeiladu geirfa ddigonol i ddod dros y rhwystr gwreiddiol. Bellach, mae gen i afael ar y cannoedd o eiriau yr oeddwn i wedi gobeithio amdanyn nhw. Mi fedra i roi llais i'm meddyliau a mynegi fy marn yn y Gymraeg ar bynciau mwy amrywiol na'r ymennydd, yr ardd ac eirth! O'r diwedd, rydw i wedi gweld llwybr ymlaen tuag at ruglder. Mae'n rhaid i mi hefyd ddiolch i'r Gymraeg am ganiatáu i mi fod yn greadigol a chynhyrchiol yn ystod y pandemig. Roedd hynny'n rhodd annisgwyl ar adeg oedd mor heriol i bawb.

Yn olaf ac yn bwysicaf, mae'r *dwdls* wedi arwain at filoedd o fân sgyrsiau gyda siaradwyr Cymraeg a Saesneg. Rydw i'n ddyledus i ddegau o bobl am eu cefnogaeth a'u hawgrymiadau ar gyfer y llyfr. Rydw i'n arbennig o ddiolchgar i Einir

Of course, I soon realised that these Welsh doodles should be spelt *dwdls* (because the Welsh 'w' is pronounced 'oo'). A new Welsh word, I think? Painting these *dwdls bach* (small doodles), has been a real pleasure, in so many ways. Most obviously, it built my Welsh vocabulary well enough to overcome my original language hurdle. I now do have the many hundreds of words that I'd hoped for. I can express my thoughts and opinions in Welsh, and on topics even more diverse than brains, gardens and bears. At last, I have seen my path towards being a fluent speaker. I must also thank the language for allowing me to be creative and productive during the pandemic. It was an unexpected gift, from what was a challenging time for all of us.

Finally, and most importantly, these *dwdls* have brought me a thousand small conversations, with both English and Welsh speakers. I'm grateful to literally dozens of people, for their support and suggestions for this little book. I'm particularly grateful to Einir Young and

Young ac Ecoamgueddfa Llŷn am eu nawdd ac am werthfawrogi'r ffaith fod cynaliadwyedd yn gysyniad sydd mor berthnasol i ddiwylliant a chymuned ag ydyw i'r amgylchedd a'r economi. Hoffwn i ddiolch i Llion Jones yn benodol am ei syniadau creadigol am barau geiriau, am helpu i lywio'r llyfr drwy'r wasg ac am fod mor garedig ag awgrymu fod yna gyffyrddiadau o gynghanedd yn rhai o'r dwdls. Trwy'r darnau bach hyn o gelf ieithyddol, yn ogystal ag ennill iaith, rydw i hefyd wedi ennill cymuned ehangach. Rwy'n gobeithio'n fawr y byddwch chithau hefyd ar eich ennill o ddarllen y llyfr.

Ecoamgueddfa Llŷn for their help, and their appreciation that sustainability is a concept that applies to culture and community as much as it does to the environment and the economy. And I'm especially grateful to Llion Jones, for his creative ideas for word pairs, for helping guide this book to publication, and for being kind enough to suggest that some of the *dwdls* make interesting *cynghanedd* (the complex Welsh system of alliteration and rhyme). Through these small pieces of linguistic art I have gained not only a language, but also a wider community. I hope that this book can do the same for you.

*Mae geirfa i'ch helpu gyda'r dwdls ar dudalennau 50-51. Os ydych chi eisiau darllen esboniadau Oliver o'r dwdls, sganiwch y côd.*

*A glossary to help you decipher the doodles can be found on pages 50-51. If you would like to read Oliver's own explanations of the doodles, scan the code.*

deuddeg dau-ddeg

y prif bryf

tŷ bach efo to bach

cau'r cae

dal dy dâl

nith mewn nyth

sir sur

sudd syth

annwyl annwyd

gŵydd ar y gwyddoniadur

pêl-droed

pwyso pwy sy'n bwysig

arth yn yr ardd

gwall gwallt

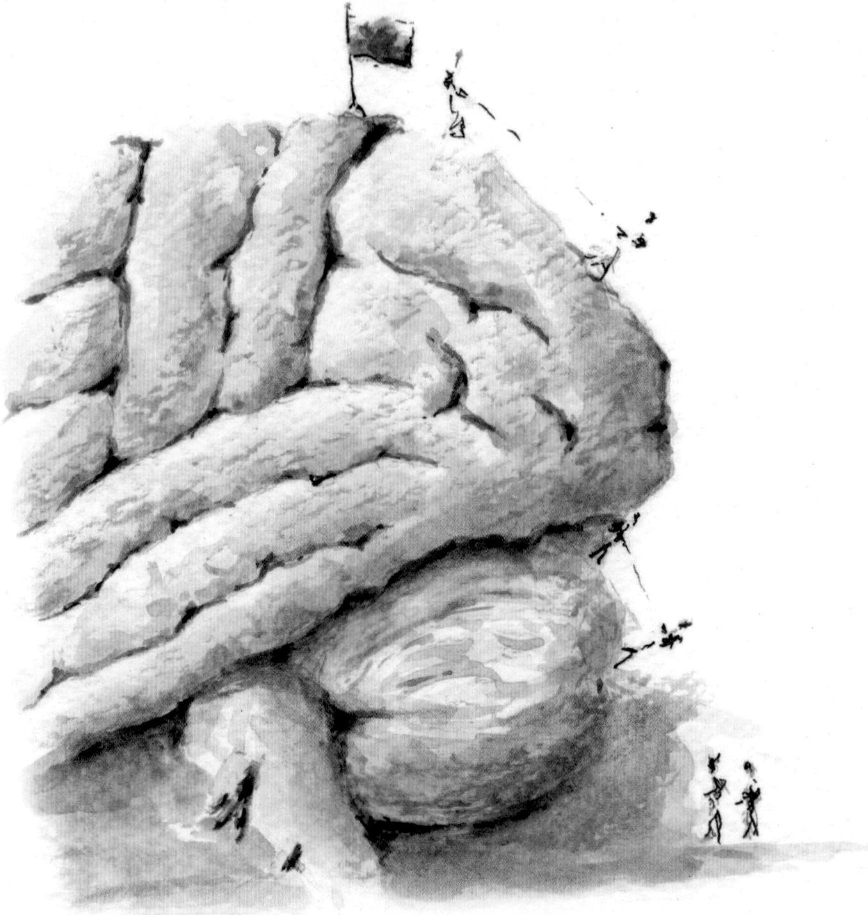

mynydd ymennydd

dwy ran y dwyrain

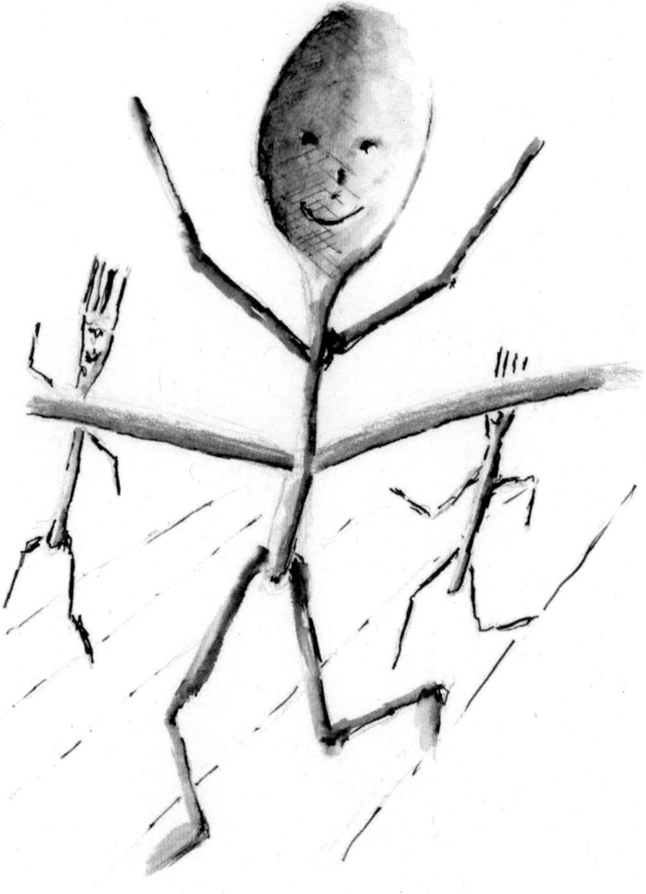

llwy yn llwyddo

cwch coch

llygaid llo llygoden

llaw llew

y felin felen

cysgod pysgod

tywydd tywyll

llun dydd Llun

cwrw carw

cwrdd â bwrdd

cylchgrawn cylch grawn

cerddwr cerddor

saith yn saethu

wyth ewythr

afanc ifanc

lleisiau llysiau

llwynog yn llwyddo

llythyr llythyren

gwir yn y gwin

cyfarth cyfarch

# Geirfa / Glossary

| | |
|---|---|
| afanc | beaver |
| annwyd | cold |
| annwyl | dear |
| arth | bear |
| bwrdd | table |
| cae | field |
| carw | deer |
| cau | to close |
| cerddor | musician |
| cerddwr | walker |
| coch | red |
| cwch | boat |
| cwrdd | to meet |
| cwrw | beer |
| cyfarch | to greet |
| cyfarth | to bark |
| cylch grawn | grain circle |
| cylchgrawn | magazine |
| cysgod | shadow |
| dal | to hold |
| dau-ddeg | twenty |
| deuddeg | twelve |
| dwy ran | two parts |
| dwyrain | east |
| dydd Llun | Monday |
| felen (melyn) | yellow |
| gardd (yr ardd) | garden |
| gwall | error |
| gwallt | hair |
| gwin | wine |
| gwir | truth |
| gŵydd | goose |
| gwyddoniadur | encyclopaedia |
| ifanc | young |
| llaw | hand |
| lleisiau | voices |
| llew | lion |
| llun | picture |
| llwy | spoon |
| llwyddo | to succeed |
| llwynog | fox |
| llygaid llo | goggle eyes |
| llygoden | mouse |
| llythyr | letter |
| llythyren | letter (character) |
| mynydd | mountain |
| nith | niece |
| nyth | nest |

| | |
|---|---|
| pêl-droed | football |
| prif | main, principal |
| pryf (bryf) | fly, insect |
| pwysig (bwysig) | important |
| pwyso | to weigh |
| pysgod | fish |
| saethu | to shoot |
| saith | seven |
| sir | county |
| sudd | juice |
| sur | sour |
| syth | straight |
| tâl (dâl) | pay |
| to bach | circumflex |
| tŷ bach | toilet, lavatory |
| tywydd | weather |
| tywyll | dark |
| wyth | ewythr |
| y felin (melin) | windmill |
| ymennydd | brain |

## Croeso i Ben Llŷn ac i Ecoamgueddfa Llŷn...

*'amgueddfa heb walia', llwyfan Llŷn yn y byd.*

Yn ymestyn o Bwllheli ar arfordir deheuol y penrhyn hyd at Nant Gwrtheyrn ar yr arfordir gogleddol, mae'r partneriaid - Oriel Plas Glyn y Weddw, Plas yn Rhiw, Porth y Swnt, Canolfan Felin Uchaf, Amgueddfa Forwrol Llŷn - yn gadwyn o berlau o gwmpas y penrhyn.

Modd o annog cydweithio a dathlu ar y cyd i adlewyrchu lle neu ardal, ei phobl a'i chymuned mewn ffordd sy'n cydnabod realiti economaidd a chymdeithasol a heriau bywyd cyfoes yw'r Ecoamgueddfa. O Ffrainc y daeth y syniad yn wreiddiol ac yno yn 1971 y cafodd y gair ei fathu. Mae'r 'eco' yn

## Welcome to Pen Llŷn and to Ecoamgueddfa Llŷn...

*'a museum without walls', Llŷn's platform in the world*

Extending from Pwllheli on the southern coast to Nant Gwrtheyrn on the northern side of the peninsula the partners - Oriel Plâs Glyn y Weddw, Plas yn Rhiw, Porth y Swnt, Canolfan Felin Uchaf, and the Llŷn Maritime Museum in Nefyn are a chain of pearls around the perimeter.

Simply put, the ecoamgueddfa (ecomuseum) is a means of catalysing collaboration with the aim of reflecting a place or region, its people and its communities. The concept originated in France, where the word 'ecomuseum' was coined in 1971. 'Eco' is an abbreviation of 'ecology' but

dalfyriad o 'ecoleg' ond yn cyfeirio'n benodol at syniad newydd o ddehongli treftadaeth ddiwylliannol yn ei holl ogoniant, yn hytrach na thrwy greiriau neu gyfnod hanesyddol penodol fel y gwelwch mewn amgueddfa draddodiadol. Ac ym Mhen Llŷn, yn wir ar draws Cymru, mae'r Gymraeg yn greiddiol i'r dyhead yma.

Pobl sydd wrth wraidd y syniad o Ecoamgueddfa – ffordd i'r rhai sy'n byw yn y gornel fach hon o Gymru ar hyn o bryd ddechrau gwireddu eu huchelgais o gadw, hyrwyddo a dathlu eu hiaith, diwylliant a threftadaeth mewn ffordd sy'n cydnabod realiti economaidd a chymdeithasol a heriau bywyd cyfoes ymhell o ganolfannau poblog. Ffordd i sicrhau fod ymwelwyr o bell ac agos yn cael profiad tu hwnt i wyliau glan môr 'unrhyw draeth, yn unrhyw le' ac o ddathlu Pen Llŷn fel cartref yn ogystal â chyrchfan. **Beth am ddod yma i brofi'r hud a'r croeso dros eich hun?**

refers specifically to an innovative way of interpreting cultural heritage in all its glory, rather than concentrating on certain artefacts or particular periods of history, as is the tendency with a traditional 'museum'. In Pen Llŷn, indeed accross Wales the Welsh language is central to this ambition.

People are central to the ecoamgueddfa concept. It is a means for those currently living in this small corner of Wales to begin to realise their aspiration to preserve, promote and celebrate their language, culture and heritage in a way that recognises the economic and social realities and challenges of contemporary life 'on the edge'. It's a way of ensuring that visitors from far and near have experiences beyond 'any beach anywhere' and to celebrate Pen Llŷn as a home as well as a destination. **How about coming here to experience the magic for yourself?**

Yn ystod 2020-2023 mae Ecoamgueddfa Llŷn wedi bod yn rhan o brosiect LIVE, yn cydweithio gyda phartneriaid ym Mhenrhyn Iveragh yn ne-orllewin Iwerddon. Dwy ardal sy'n debyg i'w gilydd mewn cymaint o ffyrdd. Byddai'n hyfryd petai'r llyfryn bach hwn yn ysbrydoliaeth iddyn nhw ddathlu'r Wyddeleg mewn ffordd debyg.

Mae mwy o wybodaeth ac ysbrydoliaeth ar ein gwefannau:

**www.ecoamgueddfa.org** ac
**www.ecomuseumlive.eu**

During 2020-2023 Ecoamgueddfa has been part of the LIVE project, collaborating with partners in the Iveragh Peninsula in south-west Ireland. Two regions that are similar in so many ways. We'd love it if this little book inspired them to celebrate the Irish language in a similar way.

More information and inspiration can be found on our websites:

**www.ecoamgueddfa.org** and
**www.ecomuseumlive.eu**

ecoamgueddfa
1. Nant Gwrtheyrn
2. Amgueddfa Forwrol Llŷn
3. Plas Glyn y Weddw
4. Plas yn Rhiw
5. Canolfan Felin Uchaf
6. Porth y Swnt
TREFOR
TY COCH
NEFYN
LLWYBR Y MORWYR
TUDWEILIOG
PWLLHELI
BOTWNNOG
LLANBEDROG
ABERSOCH
RHIW
ABERDARON
YNYS ENLLI